Anna-Lisa Boo

Zeichnungen von Cornelia Steils-Fuchs

Amanda

... Da stehen wir plötzlich Schnut an Schnut,
ich – und der fremde Herr mit Hut.

Anna-Lisa Boo

Zeichnungen von Cornelia Steils-Fuchs

Amanda

... Da stehen wir plötzlich Schnut an Schnut,
ich – und der fremde Herr mit Hut.

Rediroma-Verlag

Bibliografische Information der Deutschen Nationalbibliothek:
Die Deutsche Nationalbibliothek verzeichnet diese Publikation in der Deutschen Nationalbibliografie; detaillierte bibliografische Daten sind im Internet über http://portal.dnb.de abrufbar.

ISBN 978-3-98527-786-5

Illustrationen: Cornelia Steils-Fuchs

www.rediroma-verlag.de
11,95 Euro (D)

Vorwort

Lange habe ich überlegt, ob ich solche Texte in diesen Zeiten aus moralischen Gründen veröffentlichen darf.

Wir alle sind mürbe und gestresst durch Corona. Der Russische Angriffskrieg hat heftige Auswirkungen auf die gesamte Welt und trifft inzwischen jeden einzelnen von uns.

Die Berichterstattungen in den Medien sind manchmal kaum mehr auszuhalten.

Ich frage mich: Kann oder darf man in solchen Zeiten noch herzhaft lachen?

... Und bin zu dem Schluss gekommen,

Jaa!! Unbedingt und trotz alledem. Leichtigkeit und Ausgelassenheit haben einen so hohen Wert in unserem Leben. Wir brauchen sie dringend für unseren seelischen Ausgleich, und sei es auch nur für Momente. Lachen tut so unglaublich gut!

So wünsche ich Ihnen, liebe Leserinnen und Leser, dass Sie Ihren Alltag einfach mal vergessen und eintauchen in diese vergnüglichen unmöglichen Geschichten.

Die Texte sind zusammengesetzt aus vielen kleinen unterschiedlichen Begebenheiten. Manche Beschreibungen sind frei erfunden.

Ähnlichkeiten mit Personen wären daher rein zufällig.

Ihre

Anna-Lisa Boo

Inhalt

Amanda Tausendschön

Fröhlich steigt Amanda
aus ihrem Federbett,
och, der Tag
wird heut recht nett.

Amanda, also guter Dinge,
schaut in den Spiegel gut gelaunt,
Ohh ... daa ... so viele Altersringe.
Wo kommen die denn plötzlich her?
Ich wollte doch keine mehr ...!
Was tun ...?
Einfach noch mal ausruhn.

Liegt da, voll Sorgen ...
Von wem könnte sie sich wohl
einen Lifter borgen?
Ist ja nicht so cool,

die eigenen Falten durch die Gegend zu tragen,
das würde auch an ihrem
Schönheitsideal nagen.

Gurken und Quark sollen helfen,
danach man aussieht
gleich wie Elfen.
Fängt mal an, mit Quark,
oh, der kühlt gleich bis ins Mark.

Ja, das könnte gut gelingen,
zieht zusammen die zu vielen Altersringe.
Ihr Gesicht … sie sich schon so herrlich jung vorstellt,
bis es an der Tür dann schellt.

Oh, das ist DHL,

der bringt mir meinen Bodytrainer,

da muss ich hin, ganz schnell.

Der Bote steht da, starr vor Schreck,

als Amanda ihren Kopf durch den Türspalt steckt.

Auch Amanda ist verdutzt,

ist ihr vielleicht die Duschhaube verrutscht?

Viel reden kann sie nicht,

der Quark hält stramm und steif ihr Gesicht.

Der Bote, egal wer hier unterschreibt,

runzelt die Stirn: „Was ist das für eine Maid?“

Als hätte ihn der Teufel gejagt …

er blitzeschnell

vom Hofe rast.

Ihr Blick schweift betreten hinterher:

Das ist ja mal ein Äffchen,

wie gern hätte ich uns noch bereitet

eine Gurkenauflage mit Käffchen …

Es kamen

zwei Damen

als Samen zum Ei.

Die eine fand Einlass,

die andere ... leider nein -

hatte nicht diesen Spaß.

Wo kamen die Damen als Samen nur her?

Da spricht der Herr ohne Namen:

Das weiß ich nicht mehr ...

Zu den Damen,

in Form seiner Samen

ruft er empört:

Hab ich mich verhört?

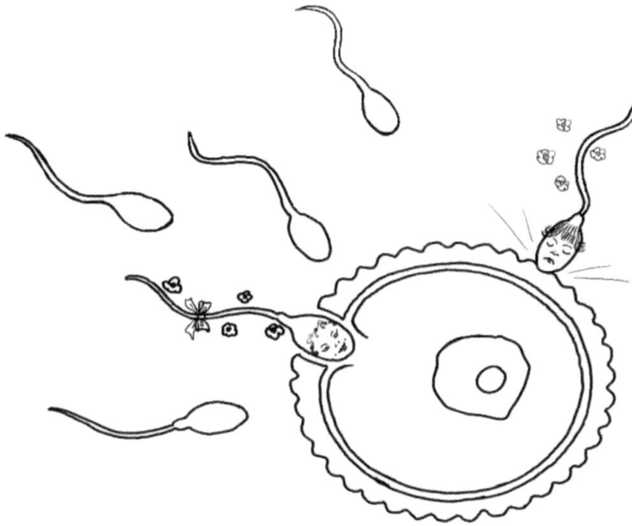

Das kratzt an meinem

gesellschaftlichen Rahmen.

Das dulde ich nicht,

das Ei in der Dame,

das kenn ich gar nicht!

Da flüstern die Damen,

noch sind sie ja Samen … zu spät!

Ich hab

beim Zähneputzen

so mein Problem.

Meist können das besser andere sehn.

Ich kann es wirklich kaum verknusen,

immer tropft was auf den Busen ....!

Und im Theater,

welch ein Schreck ...

auf schwarzem Kleid

ein weißer Fleck!

Ein fremder Herr,

voll Schalk und Lust,

starrt mir direkt auf meine Brust.

Zeigt mit dem Finger, ganz konkret,

auf das, was ich gesehen hab zu spät.

Entschuldigen Sie bitte,

darf ich mal?

Und greift direkt nach seinem Schal …

Schießt auf mich los

wie Gras aus dem Moos

… mir flattert fast die Hos …

… Da stehen wir plötzlich

Schnut an Schnut,

ich – und der fremde Herr mit Hut.

Und spricht:

Ich reiche Ihnen für diese Qual

einmal meinen Schal.

Verneigt sich

… und empfahl sich in den Saal.

So kams

mit dem Fleck auf meinem Busen,

aber zurück –

bleiben immer

weiße Flusen.

Für jeden Mensch

ist der Fuß

ein Muss!

Oben dran fünf Ampeln,

die merkt jedes Baby

schon beim Strampeln.

Beißt es in den großen Zeh,

tuts weh,

beißt es in den kleinen Zeh,

tuts auch weh.

Steckst du deinen Fuß in den Ofen,
ist er voll Ruß.
Machst auf den Fluren
schwarze Spuren,
dann ist Seife wiederum ein Muss!

Will dein Fuß in zu engem Schuh
zu schnell rasen,
wirft er Blasen,
hört er nicht auf, zu rasen,
gibts Metastasen.

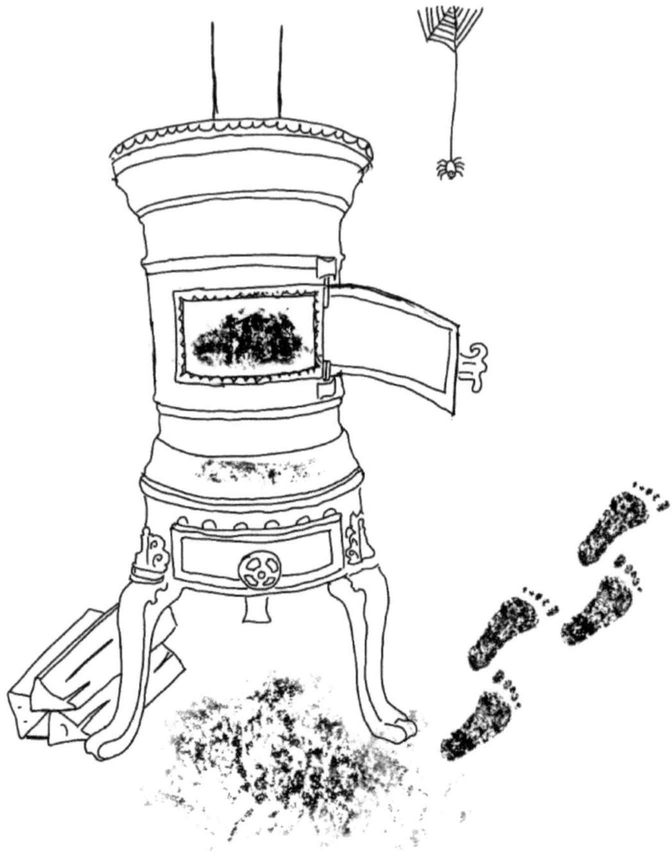

Ein Fuß – zwei Füße – ein Muss

Ein Kuss – zwei Küsse – ein Genuss.

Ich liebe zarte Füße ...,

bedecke sie mit süßen Küssen,

aber nur einen Fuß

ohne Ruß!

Ach,

Herr Knudsen,

wussten Sie,

dass Zähneputzen

doch hat meistens seinen Nutzen?

Denn – tust du es nicht,

lassen sie dich bald im Stich.

Dann kannst du auf schmalen Felgen

bald auf deinem Rindsbrei schwelgen

und jeder weitere Genuss:

geht nur als Mus.

Trage heute meine Hose

um Podex und den Bauch herum

recht lose.

Geh ich nach draußen etwas länger,

muss der Gürtel gleich viel enger.

Jetzt quetscht alles –

früher … Kuchen,

den ich liebe zu versuchen – jetzt quetscht das alles ein –

wie gemein!

Also mach ich meine Hose

wieder lose.

Doch die Hose,

jetzt ja lose,

eignet sich ganz schlecht

zur Pose.

Ach,

hätte ich doch jetzt ne Rose,

die ich stecken könnt

ganz lose

in mein blond gelocktes Haar …!

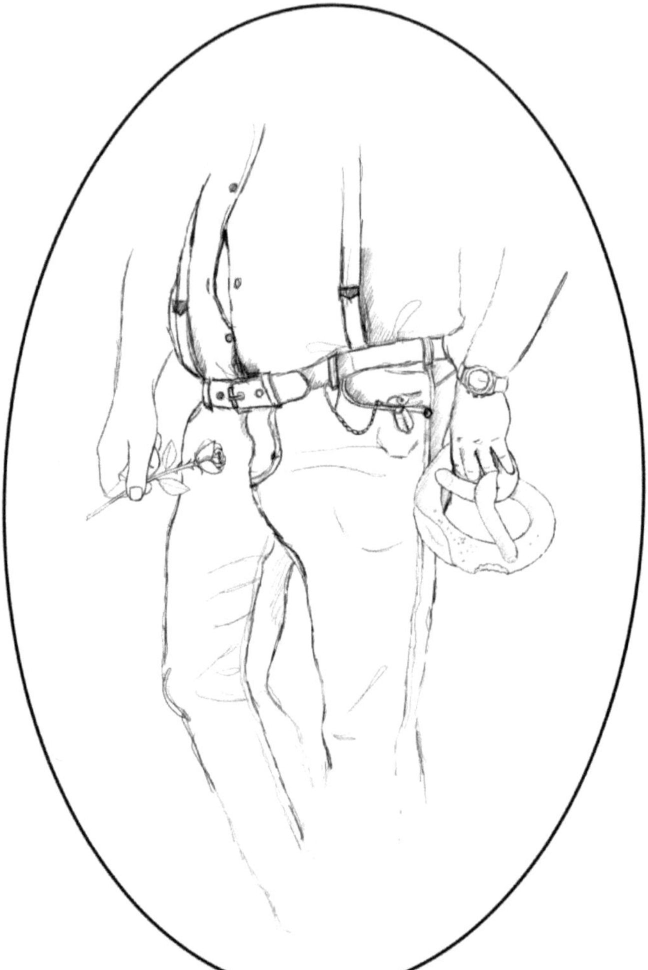

Man würde meine lose Hose

einfach übersehn

und der schicke Herr da drüben,

doch noch auf mich stehn ...

Es aß

einmal

eine Dame

eine herrlich süße Banane.

Schiebt sie in den Mund,

da geht es auch schon rund.

Ist sie erst einmal zu Brei,

rodelt sie frisch und frei

aus dem Mund …

fröhlich durch den Schlund.

Im Magen angekommen,

fühlt sie sich doch recht benommen.

Purzelt sie doch eins, zwei, drei,

huch ….

gegen das gestern erst gelegte Hühnerei.

… Da kriegst du doch die Motten,

da drüben schlummern doch die Karotten,

neben denen ich gestern noch bei Aldi lag.

Mich trifft der Schlag …

Und? Kann das wirklich sein?

Warst du da,

warst du da nicht mal ein Schwein?

Da glotzt mich doch glatt ein Auge an,

was grade noch war an Jolante dran.

Ach du lieber Himmel,

bloß raus aus dem Gewimmel …

Das wird der Banane jetzt zu viel,

schlägt um sich,

mit Bein und Arm,

und landet - erfolgreich – im Darm,

hm … schön warm …

Oh, hier ist es zappenduster,
und würde es nicht immer mal
eine rote Ampel der entzündeten Darmzotten geben,
würde man hier gar nichts sehen!

Hier fühlt es sich an wie im Quark
oder eher
wie auf dem Weihnachtsmarkt.
Man wird gewoben und gehoben,
so richtiggehend durchgeschoben.

Das Ganze dauert doch recht lange,
ihr wird bange:
Komme ich hier jemals wieder raus?
Im Ohr und in der Nase klingt es:
Mir stinkt es!

Ich will hier raus,
hört mich denn keiner?
Ich randaliere gegen die Scharniere,
baue Druck auf,

endlich kommt die Explosion:
Hach ... Huuuh ...
Lande ich im WC-Pool.
Oh, wie cool ...

Doch die Reise geht noch weiter ...
Ich im Strudel mit dem Rudel
lande im Klärwerk Kunigunde,
ach, ist das herrlich,
und schwimm erschöpft erst mal ne Runde.

Vom langen Wandern flüssig geworden,

hoffe ich noch auf ein Morgen.

Werde gespült und gereinigt,

mit Chemikalien gepeinigt,

fließe direkt in den Trinkwassertank,

rank und schlank.

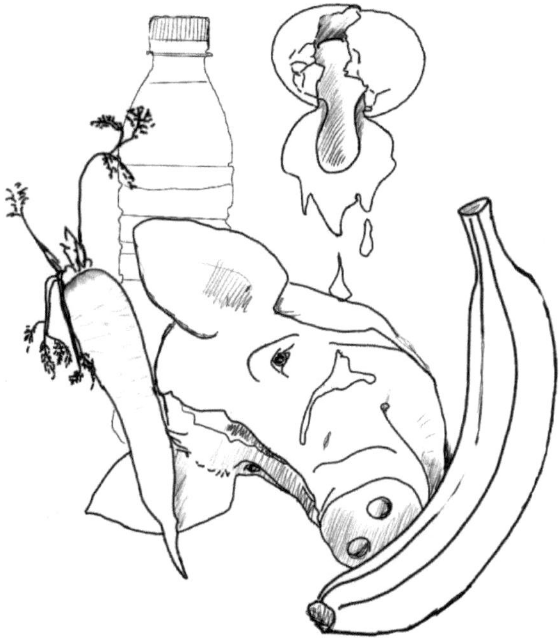

Jetzt geht es nur noch

rein in die Flasche,

Soda dazu

und frisch auf den Tisch …

zischschsch …!

Es saßen zwei Herren

auf einem Dach.

Spricht der eine zum anderen:

Bei uns gab´s heut Krach.

Der andere: Ach …

Der Grund waren unser Haushalt

und andere Kapriolen,

dabei hab ich ihr grad noch

geschenkt Gladiolen

und zum Geburtstag sogar eine Azalee:

Der andere: Ach nee …

Das Klo soll ich blitzeblank reinigen,

damit kann sie sich selber peinigen,

einen Tropfen daneben

lässt sie nicht mehr gelten,

jetzt fängt sie auch noch an,

mich zu schelten.

Die Kaffeemaschine, sagt sie,

hätt ich noch nie gemacht.

Das stimmt einfach nicht!

Sie untergräbt mein Licht,

neulich – ja neulich – da hab ich´s grad gemacht.

Hab doch mein Leben lang

das Geld nach Haus gebracht!

Doch nicht dafür,

dass ich hier Reinigungsarien mach!

Der andere: Ach … sach

Sie will mich hinrichten!

... Wohin will sie dich richten?

Na,

hin zu ihren eigenen Pflichten!

Hm - und – und wer macht bei euch eigentlich die Wäsch?

Wieso die Wäsch?

Die liegt bei uns im Schrank!

... Na, Gott sei Dank ...!

Sie redet so viel über leichter leben,

das Leben ist hart!

Am liebsten würd sie wohl durch ihr Leben schweben ...

Das versteh ich nicht, was will sie – und wohin?

Der andere:

Vielleicht davon?

Meine Oma fährt im Hühnerstall Motorrad ….

Meine Oma ist ne ganz moderne Frau!

Wie gut sie sich doch früh schon kannte,

nie würd sie mal ne Gouvernante.

Jetzt geht sie wirklich in den Stall,

hat sie denn 'n Knall?

Oma steigt auf die Maschine …

…. Vorsicht da, Alwine …!

Dabei ist sie gar nicht bange,

nur die Hühner,

die flüchten auf die Stange.

Nun fängt sie an, aufs Gas zu treten,
die Hühner sitzen da und beten ...,
gleich zischt sie los,
in ihrer schwarzen Lederhos!

Die Hühner auf der Stange schwanken,
die Oma bricht jetzt alle Schranken.
Fährt gnadenlos durch Hühnerkacke,
ohne Schuh und ohne Socke
dreht sie hier ihre Runden
... Stunden ...

Der Atem stockt dem Nachbarsbauer,
die Hühner werden auch schon sauer,
keine hat ein Ei gelegt,
weil Oma durchs Gehege fegt.
Die ganz frech und voll Elan:
Wie gut hat das getan,
mal so richtig - aus der Bahn
zu fahrn.

Paul Weidlich

war - um den Bauch herum recht weiblich,

denn er war dort ziemlich schwanger,

stand deswegen recht oft am Pranger.

Nun,

dachte Paul Weidlich,

wenn in der Mitte schon so weiblich,

dann bitteschön auch auf dem Kopf,

und trug fortan einen Zopf.

Die Pracht auf dem Kopf

erlaubte schon Durchsicht,

längst war sein Haar

schon ziemlich licht.

Auf – fiel aber die rote Schleife
in seinem Haar –
sie war einfach wunderbar!

So er nun mit seiner Pfeife
am Strand entlang spazierte
und sich keineswegs genierte.

Denn – wenn die rote Schleife wippte,
so mancher an die Stirn sich tippte,
marschiert er auf dem FKK,
so dass ihn wirklich jeder sah.

Sein Oberkörper dicht behaart,

Beine eher dünn und zart,

Schuhgröße ... wohl 48,

seine Tabak-Fahne

ungemein würzig.

Man kann sagen,

was man will,

dreht er auch noch so viele Runden.

die Schleife ... war perfekt gebunden.

Man sah es deutlich:

Er trägt sie stolz,

es ist sein Glück,

... dies ist des Mannes

bestes Stück !

Faulheit höre endlich auf ...

Aber von allein tut sie`s nicht,

auch wenn du noch so lieb mit ihr sprichst.

Sie soll deinen Schweinehund besiegen,

damit dich nicht die Motten kriegen.

Aber was tut sie?

Sie bleibt faul.

Und was tust du?

Lässt dich auf dein Sofa fallen,

die Chips-Tüten ganz lässig knallen,

die Füße auf den Tisch,

die letzte Bierflasche flüstert:

... Ich liebe dich ...

So geht das Jahr für Jahr,

deine Figur nicht mehr das,

was sie mal war.

Die Hose fängt schon an zu kneifen,

die Lunge hörst du auch schon pfeifen,

das Herz rennt immer schneller,

du fühlst dich wie ein Propeller.

Wirft deine Stirn auch Falten,

nichts kann dich jetzt mehr halten.

Du denkst, jetzt hebst du ab,

Irrtum,

du landest ... in deinem Grab.

„Oh lieber Gott, wie kann das sein?

Ich bin jung, mein Herz ist rein,

mein Hund zu Haus, der ist das Schwein ...“

Und du sprichst in berauschender Trance:

„Lieber Gott,

gib mir noch eine Chance ...“

„OK“, spricht Gott,

„weil du es bist, du ungemein durstiger Christ.

Ich leih dir hier ein Trampolin

von meinem Erzengel Michelin.

Hier kannst du für dein Leben springen,

deinen Puls zurückgewinnen

und springen – nicht zu knapp,

In drei Monaten hol ich dich wieder ab.

„Waaaasss ...???

Drei Monate ohne Bier?

... Dann bleib ich lieber hier.“

Wie schade, sprach die fade Made,

denn an deinem Grabe

wird nicht deine Liebste stehn

mit verweinten Augen

und rot verschmiertem Mund,

sondern … nur … dein ganz gemeiner

Schweinehund …

Zu ihrem 70. Geburtstag

wünscht sie sich ein Trampolin.

Ach Cheri,

ich dachte eher an eine Reise nach Berlin …

… Aber ich wünsch mir ein Trampolin …

Wie wärs denn mit einer Kutschfahrt durch die Heide …?

Oder vielleicht ein Wochenend-Trip nach London oder Paris?

Im 5 Sterne-Hotel – ein kleines Paradies

mit Candle-light-Dinner für „sie und ihn“?

… Aber ich wünsch mir doch ein Trampolin!

Oma war nicht zu überreden,

man sah sie förmlich schweben

über ihrem heiligen Trampolin,

nix mit: Dinner für sie und ihn.

An ihrem Ehrentage schreibt man ihr eine Karte:

„70 Jahre … und unsre Oma springt“

Abends dann …

Unterm Sternenzelt

Ganz intim – mit ihm – auf dem Trampolin

Hat meine Oma einen Spleen?

Ist 70

und springt jetzt Trampolin.

Galant schwingt sie sich auf das Tuch …

Huch …

… Das ist noch einmal gut gegangen,

fast hätte sie im Regal gehangen,

aber jetzt kommt sie in Fahrt.

Ihre graue Mähne fliegt, wie vom Winde verweht,

und ihr Feuereifer, der steht.

Die Möpse sausen auf und ab,

hopsen wie im Schweinsgalopp,

und der Bauch …

der jault auch.

Pobacken pfeifen auch recht locker,

wackeln fast wie bei Joe Cocker.

Der Po, er scheint aus Leder,

heraus ragt eine Hahnenfeder.

Beinmuskeln treten jetzt hervor

Nee ..

Die braucht sie doch nicht fürn Chor.

Aber wofür braucht sie die?

Bei Oma weiß man nie ...!!

Ihre Waden, fast wie Fladen,

damit könnt sie Hirsche jagen.

Die Kilos auf dem Tuche schwingen,
die Gummis in der Halterung singen.

Die Füße federn schwipp und schwapp,
gleich hebt sie ab …
Mein Gott, Oma,
was hast du vor???
Du springst wie um dein Leben,
willst du nicht mal Ruhe geben?

Cool steigt sie von ihrer Matte,
greift nach einem Café Latte:
„Nein, mein Kind, das will ich nicht,
denn wenn ich aufhör,
krieg ich Gicht … im Gesicht,
und das steht mir nicht!"

AMANDA HAT WAS VOR,

ab heut singt sie im Chor.

Hohe Töne kann sie nicht mehr erklimmen,

deshalb setzt sie sich gleich zum Alt,

zwischen Knuth und Archibald.

Und da geht es auch schon los,

Schreck lass nach,

sie hat im Hals nen dicken Kloß.

Außerdem - gar keine Noten?

Vom Fahrradfahren noch kalte Pfoten,

schielt heimlich nun beim Nachbarn rein.

Eehh, der stinkt nach Schweiß, das Schwein.

Greift flugs zu ihrem Notbehelf,

zieht aus der Tasche ... 4711,

trotz alledem - da bleibt Amanda stur,

ab heut singt sie im Chor ...

Nun geht es auch schon weiter
auf der ihr unbekannten Tonleiter.
Sie hetzt den Noten hinterher …
ach, ist das heute schwer …
oh, ein Ton jetzt doch getroffen,
das lässt hoffen.

Unermüdlich geht’s rauf und runter,
Amanda geht jetzt völlig unter,
bringt ihre Nachbarn aus dem Takt.
Nee, echt, heut hat sie voll verkackt…!

Wollt doch so gerne wieder singen,
muss jetzt mit den Tränen ringen.
Aber Amanda, die bleibt stur,
sie geht nicht aus dem Chor …

Die letzte Strophe ist gleich dran,
sie ist sich sicher, steht jetzt ihren Mann …
da piepst es schrill in ihrem Ohr …
nein – nicht der Chor …
ihr Hörgerät …
gerade jetzt – seinen Saft verlor …

Es wird um sie herum ganz stille,
sie rückt zurecht die Gleitsichtbrille,
flugs greift sie zu ihrer Tasche,
ach, jetzt klemmt auch noch die Lasche.
Wo sind bloß ihre Batterien,
die sie gestern grad von Gerlinde geliehn?

Verzweifelt kippt sie alles aus,

oh, welch ein Graus ...

Zahnstocher, Slip-Einlage,

Bachblüten und Asperin.

Der ganze Haushalt, alles ist drin.

Der Berg ist groß,
die Batterien klein,
wo mögen sie bloß sein …?
Ach nein …
Aber Amanda bleibt ganz stur,
denn ab heut singt sie im Chor.

Vielleicht wird's nächste Woche besser,
sie wetzt schon mal die stumpfen Messer,
4711 ins Dekolleté,
da riecht der Nachbar frisch wie Schnee.

Neue Batterien ins Ohr,
da schmettert sie dem Knuth was vor,
denn wie ihr wisst, ist Amanda stur,
sie will unbedingt in den Chor.

Kommt ein Vogel geflogen,

wie gern wär das … ICH,

bin ganz nah an dir dran,

und du ahnst das nicht.

Würde ganz still lauschen um die Ecken,

manche heimlichen Gewohnheiten der Leute checken.

Würd alles genau analysieren,

mich köstlich amüsieren,

dir zuschauen,

wie du genüsslich in der Nase popelst,

wie du dir deine schwarzen Füße schrubbelst,

wie deine langen Beine in der Mitte enden,

an deinen ach so schlanken Lenden.

Darüber zieht sich ein aufgeblähter Schlauch,

dein Bauch,

mit stolz geschwellter und schwarz schwarzbehaarter Brust,

die Augen voller Lust,

ziehst aus dem Schrank hervor

dein Höschen mit Dekor.

Das Höschen scheint recht klein,

passt da des Mannes Stolz auch rein?

Huch ...? Nein ...!

Zum Glück hast du noch mehr,

du liebst sie alle so sehr...

Nimmst du rosa,

hellblau oder zartgelb kariert?

Überlegst,

was dich heut wohl besonders ziert.

... Ach, die eine ist schon ausgeleiert,

die nächste, damit hast du schon gestern gefeiert,

die dritte hat ein Loch,

ein Pfurz - ganz kurz - hindurchkroch.

Die vierte ist ein String,

du steigst hinein,

da macht sie ... Ping!

Jetzt ist da nur noch die rote,

aber die hat in der Ritze einen Knoten,

der immer so drückt, wenn du dich bückst.

Allmählich wirst du ungehalten,

dein Penis beginnt schon zu erkalten,

du wühlst im ganzen Schrank jetzt rum

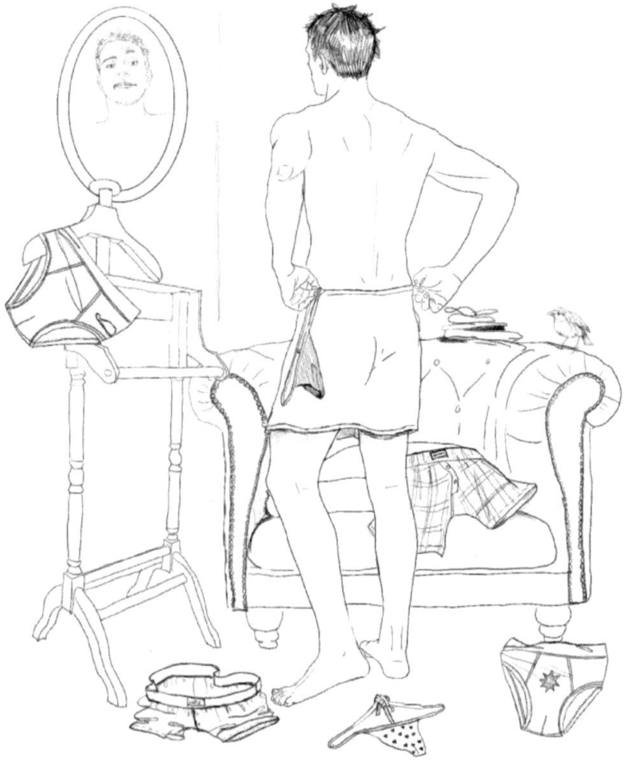

und denkst: So ein Schiet!

Ich dreh jetzt die von gestern im ...!

Der Vogel kommt nochmal geflogen

und landet grad beim Priester,

ein kluger Mann, so ganz ohne Laster ...

Der bereitet gerade die Predigt vor,

schaut dabei Fußball,

schreit ständig: Tor ...!

Obwohl gar keins gefallen ist,

... so ein Mist!

Auch mit dem Schreiben will es nicht recht laufen.

Beginnt,

sich die letzten drei Haare zu raufen,

dabei – ganz aus Versehen - einen nach dem anderen zu s..... trinken.

Stund um Stund vergehen,

auf dem Papier noch nichts zu sehen,

Ostern steht doch vor der Tür,

für jeden Priester eine Kür.

Kurzer Hand zieht er den Band

vom letzten Jahr.

Erwischt den Band der Laien,

grüß Gott, du schöner Maien.

... ist Ostern denn im Mai?

Haben da die Priester nicht vier Tage frei?

Kippt sich genüsslich noch einen hinter die Binde,

... Ostern ist sowieso nur was für Blinde.

… Amen …

schreibt er auf das Blatt Papier,

geht ihr in die Kirche,

ich bleib hier …

Der Vogel fliegt weiter,

es macht ihn so heiter,

was Menschen so tun,

wenn sie sich grad unbeobachtet sehn.

Der kleine Max lässt die zerrissene Unterhose

unterm Bett verschwinden,

damit seine Eltern sie nicht finden.

Gerlinde hasst es,

ihre Zähne zu putzen,

sie können doch eigentlich nicht wirklich verschmutzen.

Luise schneidet sich die Haare ab,

weil sie Kummer mit ihrem Liebsten hat,

der … sich grad mit seiner Nachbarin trifft

und heimlich mit ihr im Keller kifft.

Rosalinde lässt sich nicht gern besuchen,

so backt sie drögen Butterkuchen,

der beim Reinbeißen nur so staubt,

dass er den Verwandten den Atem raubt.

Der Arzt geht mit seiner Angestellten ins Bett,

Waaass …? Der ist doch so nett…. Eben …

Und mir erzählt er was von Moral,

der schmierige Aal …

Der Chef, immer fein,

mit Schlips und mit Kragen,

recht autoritär,

der sagt zu Hause gar nix mehr,

bindet sich schnurstracks die Küchenschürze um,

wühlt nur noch in Putzmitteln rum.

Hier hat seine Frau das Sagen,

hier trägt sie den Schlips und den Kragen.

Unser Vogel wird schwer und schwerer,

wär er doch bloß ein Lehrer,

dann wüsste er, was richtig ist,

das hier ist doch nur Beschiss!

Besinnt sich seiner Flügel,

lässt los alle Neugier und Zügel,

schwebt leicht durch milde Lüfte,

durch zarte Sommerdüfte,

wie schön ist doch das Reine,

mir reicht schon das ganz Kleine...

ich brauch kein Höschen und kein Geld,

ich brauch nur eine heile Welt ...

Atemlos

zieh ich durch die Winde

wie die Nachtigall mit ihrem Kinde

und lande an des Baumes Rinde.

Wär das wohl eine Sünde,

wenn ich ganz oben stünde

und schaute in den Baum hinein,

das störte doch kein Schwein!

Ich würd des Baumes Leben sehen,

würd nach dicken Käfern spähen,

das kleinere Getier,

das ließ ich hier …

Das wär doch mal ein Sterne-Essen,

sich mal richtig satt zu fressen.

Meine Laune würde steigen,

zum Nachtisch gäb es dann noch Feigen.

Die Made würd´ der Kellner sein,

mit einem Schürzchen

rein und fein,

... bei ihr bestellte ich den Wein.

Und an des Mahles Ende

nimmt das Leben seinen Lauf …

… ich fress die Made auch noch auf …!

Das Leben hat so seine Tücken,

man nutzt des Lebens kleine Lücken,

um doch noch zu bekommen,

wovon man träumt,

… meist recht beklommen.

Der große Konzern

hat das Finanzamt nicht gern,

so laufen die Papiere manchmal ganz um die Welt,

damit er nicht zahlen muss

so viel Geld!

Aber keine Sorge,

der gute Eindruck zählt!

Allerdings, … der kleine Popel,

der mit dem kleinen alten Opel,

hat das Finanzamt auch betrogen,

hat ganz eiskalt gelogen!!

Seine Fahrt zur Arbeit,

genau 18 Kilometer,

daraus hat er glatt zwanzig gemacht,

da ist der Beamte aber aufgewacht …

Mahnbriefe geschrieben,

den armen Kerl völlig zerrieben,

denn: So geht das nicht!

Und zerrt den Popel vor Gericht …

... und der ...

Ich bin doch nur ein kleines Licht ...

... „Konzerne sorgen schließlich dafür,

dass du Arbeit und keinen Hunger hast,

das du dir ne kleine Wohnung leisten kannst,

Kultur ... steht dir auch ... ein wenig offen,

kannst alle zwei Jahre

auf einen Urlaub ... in der Lüneburger Heide hoffen.

Ist das nicht genug?

Stattdessen begehen Sie hier Betrug!!"

Der kleine Popel

mit seinem kleinen alten Opel

schweift mit seinen Gedanken in die Ferne.

Wie gerne

würd er mal in den Süden fliegen,

dafür hat er doch nur gelogen,

das Finanzamt ein klein wenig betrogen.

Nun wollen sie seine Sünde verbriefen ...

Nichts da, von wegen unter ferner Liefen.

Sein Chef,

könnte der ihm wohl unter die Arme greifen?

Nä, der würd ihm nur was pfeifen,

der würd ihn nicht aus der misslichen

Lage hieven.

Ist sowieso grad auf den Malediven …

geblieben.

HACH … DIESER ROSINENKUCHEN,

wie gern würd ich ihn mal versuchen,

was sagt dein Gewicht?

„Heute nicht“!

Beschämt schau ich zur Seite,

ist das heut ne Pleite …!

Mein Blick schweift ab ins Leere,

Diät ist echt was Schweres.

Kann denn Kuchen Sünde sein,

er ist doch halb schon mein …!

Mit jeder Pore will ich ihn,

den Kuchen mit Rosin.

Eine Stimme ganz tief unten

hilft mir auch nicht über die Wunden,

flüstert mir leise ins Ohr:

„Du hattest doch was vor?“

Hmm …

Was war das noch,

was mir vor ein paar Tagen

über die Seele mir kroch?

Ach, ist mir jetzt auch scheißegal,

den Kuchen, den probier ich mal,

Schlagsahne obendrauf …

Ab morgen hör ich auf …!

Die Liebe meines Lebens,

such ich die vergebens?

Sie soll mich tragen in Wolkengebilde,

eben in ganz andere Gefilde.

Soll mich schaukeln unterm Himmelszelt

in einer ach so leichten Welt.

Die Engel solln ihre Harfe spielen

und nicht aufhörn,

mich zu betörn ....

mit ihren goldenen Himmelsliedern.

Ach ... das wär mein Traum,

und von oben genüsslich herunterzuschauen ..."

Der Traum nimmt jäh sein Ende,

du ahnst schon seine Wende ...

Die Wolken spucken dich zurück,

aus ist es mit dem Glück ...

Sitzt in der Küche voll Geschirr,

deine Haare ziemlich wirr,

dein Essen brennt im Topf schon an,

wo ist eigentlich mein Mann?

Dein Kind sich gerade vollgeschissen,

Rauchmelder meldet schon Alarm,

dir wird es langsam warm.

Wirfst dich verzweifelt in die Kissen,

die Waschmaschine lässt dich wissen,

aufhängen ist jetzt dran,

wo ist denn bloß mein Mann?

Der Postbote klingelt Sturm,

das Päckchen, das du nicht bestellt,

dir polternd auf die Füße fällt,

dein Hund natürlich zu dir hält,

flippt aus und greift den Fremden an,

weil er Postboten einfach nicht leiden kann …

Aber jetzt kommts nur auf eines an:

Wo ist eigentlich mein Mann?

Lieber Gott im Himmel,

schick mir einen Schimmel,

würd reiten bis zum Horizont,

dem nächsten Engel entgegenhauchen:

Lass mich einen Joint bloß rauchen

dazu unbedingt drei Bier,

bitte ---

ganz schnell …

und hier …

Lieber Gott, verzeih mir,

es liegt ein Fremder bei mir.

Er war vorhin so nett,

jetzt hab ich ihn im Bett.

Ist doch einer von deinen Schafen,

lass ihn ruhig bei mir schlafen,

ist einer von den Guten,

das würde ich wohl vermuten.

Seine Hände zart und fein,

er könnte ein Klavierspieler sein.

Lieber Gott,

ich bin klein, mein Herz ist rein,

ich will auch immer artig sein,

bitte,

lass mich sein Klavier sein ...!

Ich habe heut mein erstes Date

Nein - ich heiße nicht Kate!

Ich bin Amanda Kabeljau

mit wunderschönen Augen in blau.

Mein Gott, was bin ich aufgeregt,

wer mir wohl gleich entgegenfegt ...

ist er schwarz oder blond ...

dünn oder dick?

... auf jeden Fall mach ich mich schick!

Seit Stunden meine Haare auf Wickler gedreht,

das Loch in meiner Hose schnell zugenäht,

mein Busen,

soll ich ihn zeigen oder eher verstecken?

Soll ich ihn gleich aus der Reserve locken?

Muss erst meinen Kleiderschrank durchchecken.

Er ist voll, aber es ist nichts drin,

was mir heute könnte stehn.

Das rote Kleid zu lang, das karierte zu eng,

der Pulli, der wirkt irgendwie zu streng,

die Hose zu lose, die Bluse verschmiert,

mein Gott, ist das kompliziert,

mich friert ...

Ich ruf ihn an,

hey, schöner Mann,

leider ich heute nicht kommen kann,

bist du allerdings nicht sehr fremd,

komm her,

ich steh hier immer noch

im Hemd ...!

Spieglein, Spieglein an der Wand,

wer ist die Schönste im ganzen Land?

Das ist meine Oma, ganz bestimmt,
ich liebe sie wie Zucker und Zimt,
mit ihrem grauen Wuschelkopf,
manchmal trägt sie auch nen Zopf.

Ihre Zähne reinigt sie über Nacht im Leberwurstglas,
damit sie zum Frühstück was zu beißen hat.
Sie ist die schönste Frau auf der Welt,
die man nicht kaufen kann,
für kein Geld der Welt.

Brille auf der Nase,
Hörgeräte
 - ihr immer wieder ein Rätsel -
nimmt sie frühmorgens ihren …

Melissen-Geist,

womit sie ihre Gehirnzellen aufbrezelt.

Dann ist meine Oma für den Tag bereit,

dann ist sie glücklich,

als hätt es die ganze Nacht geschneit …

Andererseits …

mit ihrer Knollennase

ähnelt sie auch einem Osterhasen,

und der ist doch wirklich süß …

Am Kinn wächst bei Oma ein Damenbart,

aber der ist flaumig und so zart …

wenn wir kuscheln,

kann ich darin herumwuscheln.

Ihr Bauch ist warm und so muckelig weich,

wenn ich da liege,

dann fühl ich mich immer ganz reich …

Ihr eines Bein ist allerdings aus Holz,
aber wenn ich es abends in die Ecke tragen darf,
dann bin ich immer furchtbar stolz.

Wenn sie mit dem Holzbein durch ihre Küche geht,
macht es immer: knick knarrrr- knick knarrr- knick knarrr.
Ach, ist das eine herrliche Musik.
Ich liebe sie viel mehr als Mathematik,

Abends kriech ich zu ihr ins Bett,
Hand in Hand,
ihre Haut so weich wie Zuckersand,
ihr Streicheln so zart wie der Wind am Strand.

An meiner Oma find ich alles gut,
sie ist die schönste auf der Welt,
kein Geld der Welt könnte mir ersetzen

das …

zärtliche Lächeln aus ihrem …

… Leberwurstglas!

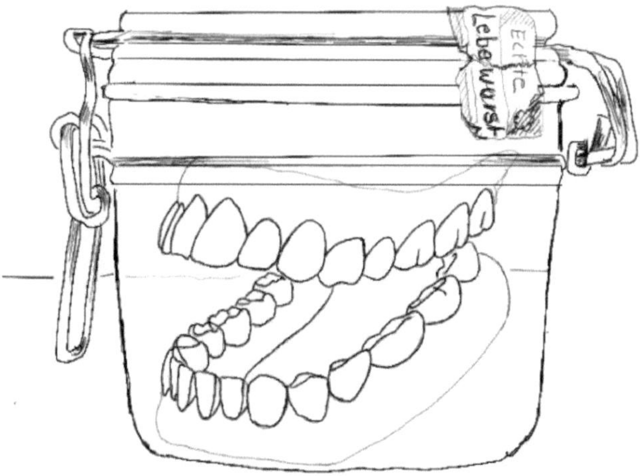

(Eine Liebeserklärung an meine Oma. Ihr „Holzbein“, wie wir es früher genannt haben, habe ich als Kind bewundert und tatsächlich geliebt. Ich kannte sie gar nicht anders.)

Ich wär gern mal ne Maus

Möchte wohnen in einem feinen Haus.

Würde die Dame des Hauses erschrecken,

würde naschen an den köstlichsten Käse-Ecken.

In ihrem Pulli aus Mohair,

da würd ich gerne wohnen,

in diesem ganz besonderen Flair

würd ich gern kriegen all meine Jungen,

hoffentlich recht viele,

denn unser Mäuse Ziele

ist eine Großfamilie.

Und träume …

Geht die Dame einmal aus,

da wärn wir ruck-zuck sehr gut drauf.

Wir würden durch die Wäsche toben

in ihren schönsten Garderoben,

und müsst ich einmal Kötel lassen,

ging ich in die Jackentaschen.

Und müsst ich auch mal klein,

machte ich in einen Pulli rein,

der saugt das alles, alles auf,

deshalb täten wir es zuhauf!

Nur – wenn die Dame käm zurück,

mahnt Mutter uns mit ernstem Blick.

Zu Ende wär das schöne Spiel,

was grade jetzt nun keiner will.

Streng pfeift der Vater Ulli:

„Zurück in eure Pullis“.

Das find ich wirklich gar nicht schön,

steh ich doch grad am Fön ...

Widerwillig füg ich mich,

anders gehts wohl grade nicht.

Ich nehm heut den roten Pulli,

du am besten den in Gelb,

wie schön ist doch der Dame Welt!!!

Mein Hirn ist dunkel,

mein Hirn ist leer,

kleine graue Zellen flüstern mir zu:

Da geht heut nix mehr.

Wie –

das kann doch nicht sein …

Hey, du da oben, lass mich nicht allein.

Aus dem Dachstübchen keine Regung mehr.

Sitz im Dunkeln, welch ein Jammer,

greif flugs zu meiner Taschenlampe

… alles düster in der Kammer,

… sieht alles aus wie graue Pampe.

Was tut man,

wenn einem das Hirn versagt,

wenn Zweifel nun am Zahn dich nagt,

es gerät alles durcheinander,

verzweifelt versuchst du es mit einem Lied

… nimmst das - von Zarah Leander.

Sie weiß,

es wird nochmal ein Wunder geschehn,

sie weiß, dass wir uns wiedersehen.

Ich schmelze dahin …

und träum …

und sehn mich nach einem Tänzchen mit ihr …

Liebes Hirn,

bleib einfach noch ein wenig im Dunkeln …

Ach, dann geh ich doch mal pinkeln,

mich auf der Brille so schön rekeln,

da lass ich alles los

aus meinem Schoß!

Ach, ist das ein Glücksgefühl,

hinterher tu ich gleich spüln,

Hose schnell ganz hoch gezogen,

sonst werde ich noch kühl!

Jetzt bin ich wieder frei im Bauch,

fühl mich schlank wie Günther Jauch,

bin gleich allerbester Dinge,

im Gesicht zwar Altersringe,

aber unten ganz entspannt,

für andere jedoch unerkannt.

Versetz mich nun in Günther Jauch,

ich glaub,

er wär es auch ...!

Anna-Lisa Boo

Geboren 1951 in Hamburg, in Schleswig Holstein aufgewachsen und in Niedersachsen meine Familie gegründet, inzwischen wieder zurück in Hamburg. Beruflich bin ich Sozialpädagogin mit Leib und Seele. Meine Arbeitsfelder waren die Bereiche Familie und Schule, dabei hat mich der Werdegang der Menschen immer ganz besonders interessiert. Regelmäßige Fortbildungen und eine dreijährige Gestalt Therapeutische Ausbildung haben mich Entwicklungsprozesse besser verstehen lassen, übrigens auch besonders meine eigenen. Darüber hinaus habe ich mich mit unterschiedlichen Entspannungs-Methoden auseinandergesetzt.

Inzwischen bin ich stolze Großmutter von sechs Enkelkindern und zwei Bonus Enkelkindern.

Seit ich nicht mehr berufstätig bin, genieße ich viel Zeit für mich selbst...

Cornelia Steils-Fuchs

Geboren bin ich 1958 in Hamburg. Nach einem Modestudium fand ich eine erste Anstellung als Direktrice in Nordrhein Westfahlen.

Zur Familiengründung und für neue interessante Aufgaben zog es mich schon bald zurück in mein geliebtes Hamburg.

Es folgten die Geburten meiner drei Söhne und eine langjährige Anstellung im Produktmanagement einer Mietberufskleidungs-Firma. Mit Leidenschaft zog sich das Zeichnen durch mein gesamtes Leben.

Mit einer Illustration, Gedanken zu verdeutlichen und Ideen zu visualisieren, ist für mich heute eine erfüllende Aufgabe geworden.

Ebenfalls beim Rediroma-Verlag erschienen:

Auf den Punkt gebracht

Mein Herz
Beherbergt so viele kleine Herzen in
sich
Aber wo ist das kleine Herz
Nur für mich?
Ein Herz für Blumen, die Natur
Ein Herz für Kinder, für Kultur
Für Kranke, Arme und die Welt
Und was man sonst noch kriegt für Geld....
Ein kleines Herzensstück
In mir – „für mich" –
Das wär mein Glück.

Alt und lebendig

Würde
Würde ist ein ganz wesentliches Gefühl
in unserem Leben,
wir müssen sie nicht verdienen,
sie steht uns zu.

Rosen blühen auch im Winter

Wer bin ich?
Was macht mich aus?

Liebe ich mein Leben?
Was liebe ich an meinem Leben?
Bin ich mir dessen bewusst?
Wie fühlt sich das an?
Werde ich davon satt?